GO GO 世界旅行！

MW01714621

小小拖车的大大梦想

[韩] 李慧玉 (이혜옥) 著　[韩] 李周尹 (이주윤) 绘　陈曦 译

人民东方出版传媒
People's Oriental Publishing & Media
東方出版社
The Oriental Press

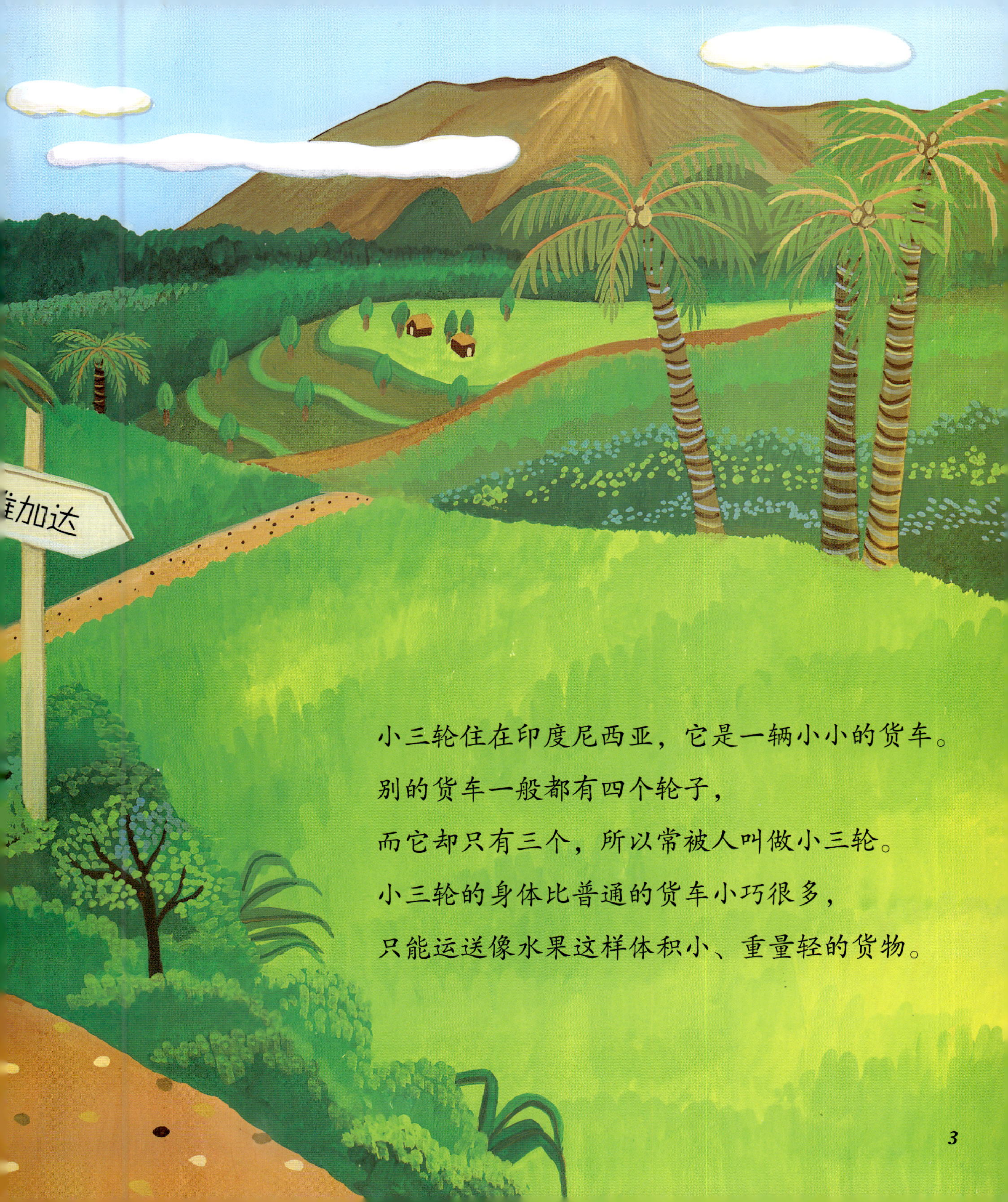

小三轮住在印度尼西亚，它是一辆小小的货车。

别的货车一般都有四个轮子，

而它却只有三个，所以常被人叫做小三轮。

小三轮的身体比普通的货车小巧很多，

只能运送像水果这样体积小、重量轻的货物。

印度尼西亚共和国（Republik Indonesia），为东南亚国家之一，由上万个岛屿组成，是全世界最大的群岛国家，疆域横跨亚洲及大洋洲，别称“千岛之国”。

小三轮每天得早早地起床，
拉上各种水果，向果蔬商店出发。
一路上发出“呼呼”的喘气声。
这时，它身旁过来了一辆大货车，
上面装了许多棵大树。
“能装那么多的大树，大货车你的力气好大啊！”
小三轮羡慕地说道。
“你，小三轮，小小年纪怎么这么没有精神啊？”
大货车朝小三轮大吼一声，“嗖”的一下开了过去。

翻斗车

“哎呀，瞧我这记性，

12点之前要把货物送到果蔬商店呀。”

小三轮使出全身的力气，向前奔去。

路过施工场地的时候，小三轮看见了巨大的翻斗车。

还有挖掘机，挖掘机正在往翻斗车上装泥土。

“哇啊，它竟然能装下那么多的泥土！”

小三轮不禁感叹道。

再看看自己，拉这么点儿水果都如此费劲，

小三轮心里有点惭愧。

终于，小三轮开进了雅加达市区内。
在广场的一角，有一辆室外宣传车。
这辆颜色非常艳丽的宣传车朝小三轮喊道：
“哎，小三轮！你看你那车身，你就不能喷喷颜色再出来吗？”
小三轮虽然对宣传车挑衅的话非常生气，
但是为了能快点把水果送到商店，它还是忍了下来。

室外宣传车

终于到了果蔬商店，
小三轮把所有水果都卸了下来，
它长长地出了一口气：
“嘘～终于送到了。
还好水果都很新鲜，没有误事。”

加油站，指为汽车和其他机动车辆服务的、零售汽油和机油的补充站，一般为添加燃料油、润滑油等。

小三轮在回家的路上拐进了

一家加油站。

痛痛快快地喝饱了汽油，

又能精神抖擞地向家的方向奔去了。

F T624 ST
大型货车

小三轮加完油，正要往外走时，

看见了一辆大货车。

“哇啊，这么大的货车我还是第一次见呢，

比早晨看到的大货车还要大！”

小三轮不禁大叫起来。

大大的货车打开车身两旁像翅膀一样的侧门，

里面装满了各种货物。

“幸好不是装在我的身上，

要不然我的三个小轮子都得被压爆胎了。”

236 SY

“呀，好冷啊！”在回家的路上，小三轮忽然被泼了一身凉水，好不狼狈。

“你你你，小三轮，你就不知道快点过去吗？

明明看到我在工作！”道路清扫车生气地吼道。

委屈的小三轮抹抹身上的凉水，默默地开了过去。

“呜呜呜，都是因为我个头太小、力气太弱，才会被欺负。”

停车场

这天晚上，小三轮回到家，对着月亮在心里默默祈祷：
“月亮啊，请你把我变成大货车吧。
我太想成为让大家都羡慕的大力士了。”
车窗上的雨刷悄悄地为小三轮抹去了泪水，
哭累了的小三轮关掉引擎，渐渐进入梦乡。

这天晚上，下了一场很大的雨，

大雨过后，许多道路都因为雨水积堵变得不畅通。

倒下的大树拦在了路中央。

小三轮还是试着发动引擎上路了。

“我要把新鲜的水果送到果蔬商店，

不能因为下雨就休息。”

小三轮选择了一条没有被大树阻挡的小路，向前奔去。

雅加达

小三轮正在往前跑，忽然听到后边有人叫它：

“小三轮啊，快来帮帮我吧！”

原来昨天那辆拉着许多树木的大货车，

被数不清的树枝绊住了脚步。

热心的小三轮用它小小的身体把周围的树枝慢慢挪开。

“谢谢你，小三轮，你真是太棒了！”

谢谢你，小三轮！
谢谢你，小三轮！
谢谢你小三轮

这天，许多大货车都向小三轮寻求帮助。

“小三轮，也帮帮我吧！”

小三轮辗转了一圈，终于把所有树枝都清理干净了，

并仔细地把路况告诉大家：

“走左边的路可以出去。”

“或者向右再走一点也可以通往大路！”

在小三轮的帮助下，所有的大货车都开上了去市内的大路。

“谢谢你，小三轮！你真是最棒的货车！”

小三轮正要休息一会儿再继续出发，
这时一辆巨大的货车陷在洼地里出不来了，
只能发出“嗡嗡嗡”的声响。

“咦？这不是昨天在加油站看到的那辆大货车吗？”小三轮赶快跑到大货车面前，在保险杠上拴了一根粗绳子，对它说：“别担心，我来帮你，我喊‘1、2、3’，你也同时使劲。”小三轮使出浑身的力气向前拉。“再用点儿劲儿！1、2、3！”大货车在小三轮的帮助下终于开出了洼地。“谢谢你，小三轮！”

小三轮住在印度尼西亚。

它只有三个轮子，车身也很小，

但这并不妨碍它成为一辆人见人爱的小货车！

F T927 YD
F
J S106 ED

小贴士之货车的种类

运送货物的汽车被称为货车。不管是体积较小，重量较轻的货物，还是又大又沉的集装箱或轿车，货车都可以运送。下面我们来一起看看货车的种类和用途。

◀运送轿车的大货车

这是一种可以运送轿车的货车。车身分为两层或多层，能够装载许多辆轿车。

◀拖挂式货车

拖挂式货车分为两部分，前半部分是驾驶员用来驾驶或休息的驾驶室，后半部分是装载货物的集装箱。整辆货车就是将驾驶室与集装箱连接起来，向前行驶。

►机场消防车

机场发生火灾的时候，能够迅速大量地洒水。

◄罐装车

能够大量运送石油、化学药品、天然气、牛奶、水等液体或气体的货车。

▼翻斗车

主要用于施工场地，运送泥土、沙子等。车身可以翻转，能够将需要运送的物品直接卸载，使工作更加方便。

GOGO 世界旅行系列

《GOGO 世界旅行！》是一套世界地理、文化、历史、风俗等知识的启蒙书。一幅幅形象又可爱的图片，以及点缀其中的些许文字，讲述着世界的精彩。跟着小主人公们乘坐不同的交通工具我们一起完成了一次世界环球旅行。这一系列的图书偏重人文，而又不失自然科学意义上的严谨，帮助孩子们在童年时期就触摸到了精彩的异国文化。

GOGO 世界旅行系列

GOGO世界旅行!
小王子的赛车派对
巴黎赛车的狂欢节

GOGO世界旅行!
小小拖车的大大梦想
印度尼西亚的小三轮

GOGO世界旅行!
魔法师小叮当在纽约

GOGO世界旅行!
滚动吧，小车轮
埃及的梦想之旅

GOGO世界旅行!
坐公交车的猫
带你去伦敦坐公交!

GOGO世界旅行!
托比的野生动物园之旅
我和我的野生动物朋友们

GOGO世界旅行!
熊大妈的花帽子
开着小卡车游荷兰

GOGO世界旅行!
发明博士和汽车
带你游历汽车的历史

图书在版编目（CIP）数据

GOGO世界旅行！. 小小拖车的大大梦想 /（韩）李慧玉 著；（韩）李周尹 绘；陈曦 译. —北京：东方出版社，2013.3
（旅行童话集）
ISBN 978-7-5060-6220-6

Ⅰ.①G… Ⅱ.①李… ②李… ③陈… Ⅲ.①儿童文学—图画故事—韩国—现代 Ⅳ.①I312.685

中国版本图书馆CIP数据核字（2013）第067056号

GOGO世界旅行！小小拖车的大大梦想
（GOGO SHIJIE LÜXING! XIAOXIAO TUOCHE DE DADA MENGXIANG）

作　　者：［韩］李慧玉
绘　　者：［韩］李周尹
译　　者：陈　曦
责任编辑：黄　娟　唐　华
出　　版：东方出版社
发　　行：人民东方出版传媒有限公司
地　　址：北京市东城区朝阳门内大街166号
邮政编码：100706
印　　刷：北京京都六环印刷厂
版　　次：2013年6月第1版
印　　次：2016年2月第6次印刷
印　　数：28001—48000册
开　　本：889毫米 × 1194毫米　1/20
印　　张：1.6
字　　数：15千字
书　　号：ISBN 978-7-5060-6220-6
定　　价：15.00元
发行电话：（010）64258117　64258115　64258112